Android com PHP
Uma abordagem prática

Nelson Fabbri Gerbelli

Valéria Helena P. Gerbelli

Cleiton Fabiano Patrício

ISBN
Impresso e PDF: 978-65-00-38659-2

DEDICATÓRIA

Dedicamos esta obra ao Google que apresentou a plataforma App Inventor aos alunos e docentes da Etec Jorge Street, permitindo que pudéssemos aproveitar seus amplos recursos no desenvolvimento de novos aplicativos profissionais com qualidade e praticidade. Após algumas evoluções chegamos ao Kodular.

PREFÁCIO

A plataforma Kodular versão Fênix (lançada e disponibilizada em 15/07/2021) é um ambiente para criação e desenvolvimento de aplicativos Android através do uso de blocos lógicos de programação. O objetivo principal da plataforma Kodular é ser uma programação **low-code** para criar os APPs. Sendo assim, na teoria qualquer pessoa com um pouco de lógica de programação conseguirá tirar suas ideias do papel.

Neste livro iremos desenvolver um aplicativo que irá acessar um banco de dados que estará on-line. Utilizaremos os comandos da linguagem SQL para acessar um banco de dados (MySQL). Todos esses comandos estarão embutidos em arquivos na linguagem PHP. Mas não se preocupe, pois esses códigos não precisarão ser digitados por você, eles já estão disponibilizados em servidor on-line, pois o nosso foco é o desenvolvimento do app, porém tudo o que for utilizado no projeto será explicado para seu maior aproveitamento e entendimento.
Partiremos do princípio de que o leitor já conheça o mínimo da plataforma Kodular, por exemplo: como acessar, criar projeto, utilizar objetos e blocos de programação, além de instalar o app. Mas caso o(a) leitor(a) ainda não conheça a plataforma Kodular, estou disponibilizando um pequeno curso on-line e gratuito que lhe dará todas as orientações necessárias iniciais. Basta acessar o link:

Android com PHP – Uma abordagem prática

http://nelfabbri.com/livro5/

Todo o material de apoio - arquivos que utilizaremos neste livro para a produção do app, estão disponíveis para download através do link:

http://nelfabbri.com/livro5/arquivos.rar

Neste arquivo compactado, além das imagens e fontes para textos que serão utilizadas, ainda poderá encontrar os blocos de toda a programação utilizada e o arquivo de leiaute.

A ideia deste livro é que a leitura e o desenvolvimento do app aconteçam simultaneamente, pois assim haverá um melhor entendimento e aproveitamento.

Boa leitura e excelente desenvolvimento.

SOBRE OS AUTORES

CLEITON FABIANO PATRICIO é Bacharel em Sistemas de Informações, Pós-graduado em Engenharia de Software e Gestão de Projetos de TI, com Licenciatura Plena em Informática.
Professor do Centro Estadual de Educação Tecnológica Paula Souza, nas Escolas Técnicas do Estado de São Paulo e Analista de Sistemas, Especialista em Engenharia Software e no Mercado de Games.

Dos mesmos autores dos livros: **App Inventor: Seus Primeiros Aplicativos Android (2017), Kodular Desenvolvimento Android sem Códigos (2019)** disponíveis pela editora Casa do Código, **Kodular Facilitando a programação de aplicativos Android. A evolução do APP Inventor (2020)** e **Kodular com Firebase (2021),** disponíveis pela Editora Amazon:

NELSON FABBRI GERBELLI é tecnólogo em processamento de dados, pós-graduado em análise de sistemas e com pós-graduação em psicopedagogia institucional, pedagogo e licenciado nas áreas de tecnologia da informação e matemática. MBA em Engenharia de Software. Iniciou como docente na área de TI em 1995. Em 2001, ingressou no Centro Estadual de Educação Tecnológica Paula Souza, nas Escolas Técnicas do Estado de São Paulo, lecionando as disciplinas de desenvolvimento de softwares com o ambiente Microsoft Visual Studio.net, tecnologia de desenvolvimento de aplicativos mobile, programação para internet, entre outras.

VALÉRIA HELENA P. GERBELLI é tecnóloga em processamento de dados, pedagoga, licenciada em tecnologia da informação e pós-graduada em educação profissional e tecnológica e MBA em Engenharia de Software. Iniciou carreira na extinta equipamentos Villares em São Bernardo do Campo como estagiária na área de suporte e desenvolvimento de sistemas, onde permaneceu por 9 anos. Iniciou como docente na área de TI em 1995 e ingressou em 1998 no Centro Estadual de Educação Tecnológica Paula Souza, nas escolas técnicas do Estado de São Paulo, lecionando as disciplinas de desenvolvimento de softwares com o ambiente Microsoft Visual Studio.net, banco de dados, programação para internet entre outras.

CONTEÚDO

1 Iniciando O Projeto 1

1.1 Desenvolvendo as telas do app 2

1.2 Alterando o tipo da fonte 7

1.3 Criando uma Screen para cadastro de usuários 8

1.4 Criando a Screen para listagem dos registros 13

2 Back-end em PHP 18

2.1 Banco de Dados utilizado 19

2.2 Arquivos em PHP 19

2.3 cadastrar.php 20

2.4 conecta.php 21

2.5 listagem.php 22

2.6 item.php 23

2.7 deletar.php 25

3 Blocos da screen1 27

3.1 Exibindo o usuário ativo 29

3.2 Programando a escolha no menu 31

4 Incluindo registros 33

4.1 Objeto WEB 34

5 Consultando registros 38

5.1 Recebendo dados on-line 41

6 Exibindo registro selecionado 44

6.1 Reexibindo a listagem de usuários 48

7 Excluindo registro 50

7.1 Identificando a escolha do usuário 51

8 Alterando registro 54

8.1 Adicionando botão na barra de título 56

8.2 Programando o Botão de alteração 59

9 Continue aprendendo 62

9.1 App Inventor. Seus primeiros aplicativos Android 62

9.2 Kodular Desenvolvimento Android sem código 64

9.3 Kodular - Facilitando o desenvolvimento de aplicativos Android: A evolução do App Inventor 66

9.4 Android com Kodular – Utilizando Firebase. Desenvolva um projeto prático No Code – No SQL. 67

Capítulo 1
INICIANDO O PROJETO

Por Nelson Fabbri Gerbelli

Neste projeto iremos desenvolver um app que possibilitará cadastrar, alterar, excluir e consultar dados de usuários.
Obs.: O banco de dados estará on-line. Toda a sua estrutura e programação será explicado mais adiante.
Crie um projeto e dê o nome de Cadastro_usuarios.
Neste capítulo iremos apenas criar o leiaute das telas que teremos do app. As funcionalidades dos componentes e telas serão detalhadas durante a sua utilização. O importante aqui neste capítulo é configurar o visual de todas as telas que iremos utilizar.

1.1 Desenvolvendo as telas do app

Vamos começar a configurar os componentes da primeira Screen. Veja como ela ficará após inserirmos os objetos e configurar toda as suas propriedades necessárias.

Screen1 ao término das configurações

Acesse a área das propriedades da Screen1 (sem ter incluído ainda nenhum componente) e realize as alterações conforme demonstrado na tabela a seguir:

Propriedade	Valor
Align Horizontal	Center
Align Vertical	Center
Title	MySQL com Kodular

Devido a nova atualização da versão do Kodular Fênix em 15 de julho de 2021, algumas das configurações da Screen1 mudaram de lugar. Saíram da barra de propriedades para a recém-criada área de configuração do aplicativo. Para acessá-la, basta clicar sobre o ícone de configuração localizado na parte superior direita de sua tela. A imagem a seguir exibe o ícone de configuração:

ícone

de configuração do aplicativo

Após clicar, será exibida a tela demonstrada na imagem a seguir. É nela que serão alteradas as configurações do projeto. Modifique então as propriedades da tab **General**: **App Name** para **Cadastro MySQL** e **Icon** realize o upload da imagem **database_icon.png.** Esta imagem está disponível nos arquivos do projeto conforme link descrito anteriormente.

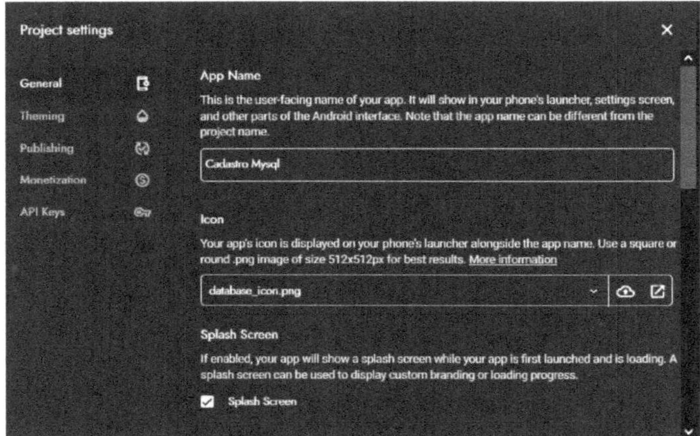

Tela de configuração do projeto

Nesta mesma tela, selecione no menu lateral a opção **Theming** para habilitar a configuração das cores do projeto.

Ao selecioná-la, as propriedades **Primary Color / Title Bar** e **Primary Color Dark / Status Bar** serão exibidas. Nelas informe o código da cor: **#F44336FF**.

Veja na imagem a seguir a configuração que acabamos de realizar.

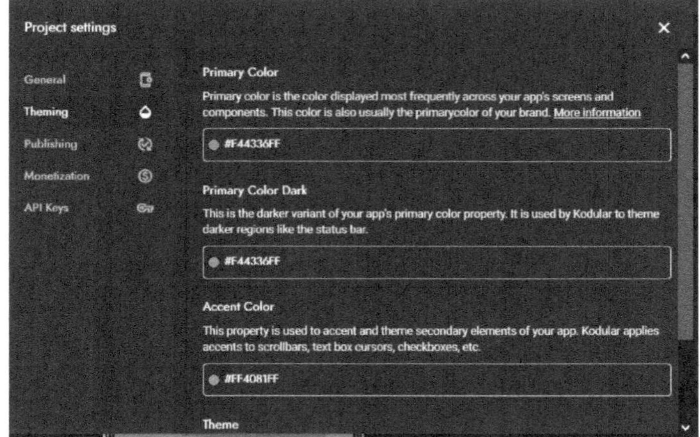

Alterando as cores do projeto

Após realizar as alterações sugeridas, deve-se fechar a janela **Project settings**.

Acrescente um objeto Label1 da guia User Interface presente na Palette de objetos e realize as alterações nas propriedades conforme demonstrado a seguir:

Propriedade	**Valor**
Font Size	38
Width	Fill parent
Text	KODULAR
Text	Alignment Center
Text	Color #F44336FF

Iremos realizar o upload do arquivo de um tipo de fonte que utilizaremos mais adiante. Todo arquivo de uma nova fonte utilizada, deverá ter a extensão **.ttf**. Deixei no link do material deste livro todos os arquivos que serão utilizados neste projeto, inclusive esta fonte. O arquivo que deverá ser enviado para o Kodular é o **digital-7.ttf.** Para enviá-lo faça através do botão de upload de arquivos (antigo botão assets). Veja na imagem a seguir o botão para realizar os uploads. Você poderá encontrá-lo no canto superior direito da tela do Kodular.

Botão de upload de arquivos

Acrescente um objeto Space da guia Palette, seção Layout → General em sua tela logo abaixo da Label e configure-o alterando o tamanho de sua altura **Height** para **Fill parent**.

Logo abaixo do Space, acrescente um objeto **Image** e realize as configurações:

Propriedade	**Valor**
Height	150 px
Width	150 px
Picture	controle-de-usuarios.png
Scale Picture To Fit	ativar

Realize o upload da imagem **controle-de-usuarios.png**, disponível no link do material do livro.

Insira um objeto **Button** na Screen (abaixo do objeto Image) e configure-o conforme exibido na tabela a seguir:

Propriedade	**Valor**
Background Color	#F44336FF
Font Size	35
Height	100px
Width	80%
Text	ADICIONAR USUÁRIO
Text Color	#FFFFFF

1.2 Alterando o tipo da fonte

Chegou o momento de utilizarmos o arquivo da nova fonte.

Existe algumas propriedades avançadas que estão ocultas na barra de propriedades. Vamos utilizá-las. Para acioná-las basta clicar em **Advanced proprerties** para que sejam exibidas. Após isso, localize a opção **Font Typeface Import** e selecione **digital-7.ttf**.

Para alterar a rotação do botão, digite o número **6** na propriedade **Rotation Angle**.

Acrescente outro **Button** e configure-o conforme a tabela a seguir:

Propriedade	Valor
Background Color	#F44336FF
Font Size	35
Height	100px
Width	80%
Text	VER TODOS
Text Color	#FFFFFFF

Altere as mesmas propriedades avançadas para que este objeto também possua a mesma fonte e rotação atribuídas ao Button1.

Acrescente um componente Space abaixo do último botão inserido e altere a propriedade: **Height** para **Fill parent**.

Acrescentaremos agora alguns objetos não visíveis. Explicaremos estes objetos não visíveis quando os utilizarmos mais adiante.

- **Floating_Action_Button**
- **Notifier**
- **Google_Account_Picker**
- **Side_Menu_Layout**

A única alteração que faremos é no objeto **Side_Menu_Layout**. Para isso, acesse as propriedades do objeto e selecione a imagem **mysql.jpg** na Header Background Image. Caso não tenha realizado o upload da imagem ainda poderá realizá-lo. Após essa configuração, você não verá nenhuma modificação em sua tela, este recurso apenas funcionará após a instalação do app.

1.3 Criando uma Screen para cadastro de usuários

Acrescente uma nova Screen e dê o nome: **Inserir**.
A imagem a seguir exibe qual será o leiaute final após as suas configurações.

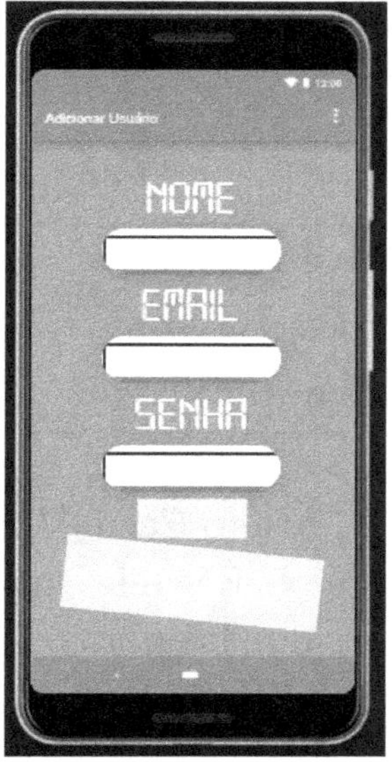

Screen para inserir usuários

Vamos configurá-la. Altere as propriedades conforme a tabela a seguir.

Propriedade	Valor
Align Horizontal	Center
Align Vertical	Center
Background Color	#4CAF5077
Navigation Bar Color	#F44336FF

Acrescente um objeto Label para a exibição da palavra **nome** e configure-o conforme demonstrado na tabela a seguir:

Propriedade	Valor

Font Size	50
Text	Nome
Text	Color #FFFFFFFF
Clicar em Advanced proprerties Font Typeface Import	Selecionar a digital-7.ttf

Acrescente um objeto **Card_View** e altere a propriedade Corner Radius que deixará um arredondamento nas bordas para o valor **20**.

A função deste objeto **Card_View** é apenas de melhorar a qualidade do leiaute do projeto.

Insira no interior da **Card_View** um objeto **Textbox**. Será neste objeto que o usuário digitará o nome para cadastro. Após incluí-lo, configure conforme as informações exibidas na tabela abaixo:

Propriedade	**Valor**
Font Size	14
Hint	Seu nome
Hint Color	#FFFFFFFF
Text	deixar espaço vazio
Renomear	Txt_Nome

Acrescente uma nova **Label** abaixo da Card_view e configure suas propriedades:

Propriedade	Valor
Font Size	50
Text	E-mail
Text	Color #FFFFFFFF
Em Advanced proprerties Font Typeface Import	Selecionar a digital-7.ttf

Acrescente um segundo objeto **Card_View** e altere a propriedade **Corner Radius** para **20**.

Insira dentro desta **Card_View** um objeto **Textbox.** Neste objeto que o usuário digitará o **E-Mail** para cadastro. Após incluí-lo configure conforme as indicações exibidas na tabela abaixo:

Propriedade	Valor
Font Size	14
Hint	Seu E-Mail
Hint Color	#FFFFFFFF
Text	deixar espaço vazio
Renomear	Txt_email

Acrescente uma nova **Label** e configure suas propriedades:

Propriedade	Valor

Font Size	50
Text	Senha
Text	Color #FFFFFFFF
Em Advanced proprerties Font Typeface Import	Selecionar a digital-7.ttf

Acrescente um objeto **Card_View** e altere a propriedade **Corner Radius** para **20**.

Insira no interior desta **Card_View** um objeto **Textbox**. Nele o usuário digitará a senha do usuário para cadastro. Após incluí-lo configure conforme as indicações exibidas na tabela abaixo:

Propriedade	**Valor**
Font Size	14
Hint	Sua Senha
Hint Color	#FFFFFFFF
Text	deixar espaço vazio
Renomear	Txt_Senha

Acesse a guia de componentes e insira uma **Horizontal_Arrangement,** abaixo da última Card_View e altere a propriedade **Height** para 35px.

Acrescente um **Button** que será utilizado para a função de salvar as informações no banco de dados. Configure-o conforme as informações exibidas na tabela abaixo:

Propriedade	Valor
Background Color	#EEA3BFF
Font Size	50
Height	70px
Width	80%
Text	Salvar
Text Color	#FFFFFFF
Em Advanced proprerties Font Typeface Import	Selecionar a digital-7.ttf
Rotation Angle	6

Insira os componentes não visíveis: **Web e Notifier.**

1.4 Criando a Screen para listagem dos registros

Acrescente uma nova Screen e dê o nome **Listagem**
A imagem a seguir exibe como ficará o leiaute após as configurações que iremos realizar.

Screen para listagem dos dados

Vamos realizar a configuração da tela de Listagem (**Screen3**). Altere as propriedades conforme a tabela a seguir:

Propriedade	Valor
Align Horizontal	Center
Background Color	#D9793FE
Navigation Bar Color	#00000FF
Title	Listagem

Acesse a guia de componentes **Layout** e na sequência a sub opção **Lists**. Selecione o componente **List_View** inserindo-o em sua Screen. Faça as configurações conforme tabela exibida a seguir.

Propriedade	Valor
Filter Bar Hint	Localizar
Font Bold	Ativar
Background Color	#13F3BFE
Show Filter Bar	AtivarF
Text Color	#EC007FF
Font Size	16
Renomear	List_Usuarios

Acrescente uma **Vertical_Arrangement** logo abaixo da List_View e altere as propriedades conforme exibido a seguir:

Propriedade	Valor
Background Color	#D9793FE
Width	Fill parent
Renomear	Va_dados

Dentro desta vertical insira uma **Label** para exibir o nome e configure-a:

Propriedade	Valor
Font Size	20
Text Color	#FFFFFFFF
Text	Nome
Renomear	Lbl_Nome

Acrescente outra **Label** para que seja exibido o **E-mail.** Configure-o conforme tabela exibida a seguir:

Propriedade	**Valor**
Font Size	20
Text Color	#FFFFFFFF
Text	Email
Renomear	Lbl_email

Acrescente a terceira **Label** onde será exibido a senha de cadastro do usuário. Altere as propriedades conforme tabela a seguir:

Propriedade	**Valor**
Font Size	20
Text Color	#FFFFFFFF
Text	Senha
Renomear	Lbl_Senha

Acrescente um **Button** no interior da **Vertical** e realize as configurações demonstradas a seguir:

Propriedade	**Valor**
Background Color	#F5722FF
Font Bold	Ativar
Font Size	40
Width	Fill parent
Text	Listagem Geral

Text Color	#FFFFFFF

Insira **3** objetos **Web** e um objeto **Notifier**.

Todos esses objetos invisíveis serão explicados no momento da programação.

Aqui terminamos a configuração das telas e em breve começaremos a realizar a programação em blocos.

Capítulo 2
BACK-END EM PHP

Por Cleiton Fabiano Patrício

O termo **back-end** refere-se a parte de "trás" da aplicação. Ele é o responsável, em termos gerais, pelas funções que o app terá, mas que não estão programadas no interior do aplicativo.

Os programas e códigos apresentados neste capítulo não deverão ser digitados e nem criados em seu computador, pois todos eles juntamente com o banco de dados já estão em um servidor on-line. (está na internet, configurado e preparado para a nossa utilização). Apenas estamos demonstrando e comentando os códigos para um entendimento completo da utilização do app que estamos desenvolvendo.

2.1 Banco de Dados utilizado

Antes de exibirmos os comandos para acesso ao Banco de Dados no Kodular, precisamos conhecer toda a estrutura do banco que será utilizado. Para esse projeto o nome do banco utilizado é: **u902122380_curso.**

A única tabela que usaremos será: **usuários.** A estrutura do banco com os campos está exibida na imagem a seguir:

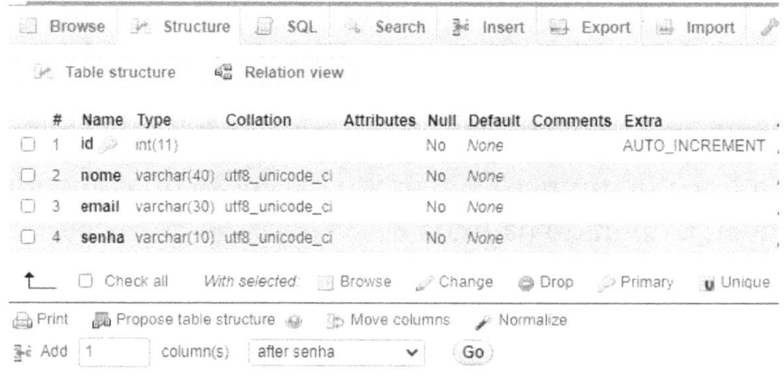

Estrutura do Banco de Dados

2.2 Arquivos em PHP

Uma informação importante é saber qual a **versão** do PHP será utilizada. Neste projeto utilizo a **versão 5.5.** Digo isso, pois dependendo da versão do PHP que você estiver utilizando, poderá ser necessário realizar ajustes de alguns comandos de acesso ao banco de dados (apenas no PHP – na parte do Kodular não haverá nenhuma mudança).

2.3 cadastrar.php

O arquivo **cadastrar.php** é o responsável por receber as variáveis enviadas pelo app (nome, email e senha demonstrados nas linhas 2,3 e 4).

Na linha de número 6, realiza-se a conexão com o banco de dados.

Na linha de número 8 estamos definindo o comando em SQL com as variáveis para serem incluídas no banco de dados.

Na linha de número 9 ocorre a execução do comando em SQL definido na linha 8.

Na linha de número 11 verificamos se o comando de inclusão ocorreu com sucesso e nesse momento enviaremos para o aplicativo a frase: **Cadastrado com sucesso**, caso contrário será enviado a frase **Não Salvo**. Observe que para retornarmos informações para o app utilizamos o comando **echo**.

Veja todo o código do arquivo cadastrar.php na imagem a seguir:

```
1  <?php
2    $nome =$_POST['nome'];
3    $email =$_POST['email'];
4    $senha =$_POST['senha'];
5
6    require_once('conecta.php');
7
8    $sql = "insert into usuarios (nome, email, senha) values ('$nome','$email','$senha')";
9    $resultado = mysql_query($sql) or die ("Erro: " . mysql_error());
10
11 if ($resultado)
12 {
13     echo "Cadastrado com sucesso";
14 }
15 else
16 {
17     echo "Não Salvo";
18 }
19
20 ?>
```

Arquivo cadastrar.php

2.4 conecta.php

O arquivo **conecta.php** será o responsável por realizar a seleção e a abertura do banco de dados. Este arquivo será utilizado em todos os demais arquivos do PHP utilizados neste projeto, como já vimos a sua primeira utilização no arquivo **cadastar.php** visto anteriormente na linha 6. Apesar do arquivo **conecta.php** ser bem pequeno, utilizamos este recurso para diminuir a quantidade de linhas dos demais arquivos que serão utilizados, pois quando necessitarmos realizar a seleção e a abertura do arquivo, simplesmente iremos utilizar o comando: **require_once("conecta.php")**.

Na linha de número 2, estamos realizando a conexão com o sistema gerenciador de banco de dados através do endereço do provedor onde os arquivos estão disponíveis. Na sequência, informamos o nome do usuário e a senha utilizada para o acesso.

Futuramente quando o(a) leitor(a) estiver

disponibilizando os seus próprios arquivos em seu servidor, deverá utilizar suas próprias credenciais.

Na linha 5, indicamos qual o nome do banco de dados que iremos utilizar que contém a tabela que será acessada.

Na imagem a seguir é possível observar a imagem com os comandos comentados anteriormente.

```
1 <?php
2   $conexao = mysql_connect('mysql.hostinger.com.br','u902122380_curso','SUA_SENHA');
3
4   mysql_select_db('u902122380_curso',$conexao);
5   ?>
```

Arquivo de conexão com o banco de dados.

2.5 listagem.php

O arquivo **listagem.php** será o responsável por selecionar todos os registros dos usuários que estão no banco de dados para serem exibidos como uma lista no app.

Na linha 6 é informado o comando em SQL (SELECT) para a seleção de todos os registros.

Na linha de número 8 ocorre a execução do comando em SQL que foi definido na linha 6.

Na linha 12 estamos executando a leitura de cada registro retornado do banco de dados e armazenando-o em uma variável do tipo matriz *($dados)*.

Quando a estrutura de repetição do comando *While* terminar de ler todos os registros, o PHP deverá enviar a variável ***$dados[]*** para o Kodular. Porém estes dados estão sendo codificados para o formato **JSON**. Este processo de codificação está presente na linha de número 15 da imagem a seguir:

```
1  <?php
2
3  require_once('conecta.php');
4
5
6  $sql="select * from usuarios";
7
8  $resultado = mysql_query($sql) or die ("Erro: " . mysql_error());
9
10
11 // Obtém o resultado de uma linha como um objeto
12 while($linha = mysql_fetch_object($resultado))
13         $dados[]=$linha;
14
15         echo json_encode($dados);
16 ?>
```

Arquivo listagem.php

O formato JSON (JavaScript Object Notation) é um modelo para armazenamento e transmissão de informações no formato texto, o que torna o envio dos dados mais leve e rápido, sendo a melhor escolha para nosso projeto, já que utilizaremos os dados móveis no app.

2.6 item.php

A função do arquivo **Item.php** é receber o e-mail enviado pelo aplicativo e selecionar todos os demais campos com as informações deste usuário e devolvê-los para o aplicativo que os mostrará em tela. Veja a programação completa na imagem a seguir:

```
1  <?php
2  require_once('conecta.php');
3
4    $id = $_GET['id'];
5    $sql="select * from usuarios where  email = '$id'";
6
7    $resultado = mysql_query($sql) or die ("Erro: " . mysql_error());
8    $dados = [];
9    // Obtem o resultado de uma linha como um objeto
10   while($linha = mysql_fetch_object($resultado))
11     {
12      $dados[]=$linha;
13      }
14
15     if (count($dados) >= 1)
16      {
17         echo json_encode($dados[0]);
18      }
19     else
20      {
21         echo "Item inválido!";
22     }
23 ?>
```

Arquivo item.php

A linha de número 4, recebe o e-mail enviado pelo aplicativo e o armazena na variável ***$id*** no PHP.

A linha de número 5 declara a variável *$sql* para armazenar a instrução em SQL com o *Select* configurado para consultar o email informado.

A linha número 7 executa o *select* no banco de dados, buscando as informações cadastradas.

Na linha número 10, o PHP percorre por todos os resultados encontrados e que estão armazenados na variável ***$consulta***. Para cada linha que realizar uma leitura, a informação será armazenada na variável ***$dados[]***.

O resultado da consulta poderá ser um único registro ou retornar um valor vazio, teremos que verificar esta informação para saber como proceder na programação do aplicativo.

Nas linhas de números 15 a 22 é exatamente isso que estamos fazendo. Verificamos se o total dos registros é igual ou maior do que um. Veja que para isso utilizamos o comando de decisão ***if*** seguido do comando que conta a quantidades dos registros ***count***. Caso a resposta desta verificação seja verdadeira, retornaremos o valor com o resultado da consulta codificando-a para o formato JSON. Caso contrário, a informação "**Item inválido!**" é o que será enviado para o aplicativo.

2.7 deletar.php

O arquivo para deletar um usuário está demonstrado na sequência:

```php
<?php
require_once('conecta.php');

  $id = $_GET['id'];
  $sql="delete from usuarios where email = '$id'";

  $resultado = mysql_query($sql);

  if ($resultado == true)
   {
      echo "Registro apagado.";
   }
  else
   {
    echo "Erro ao deletar!";
   }
?>
```

Arquivo deletar.php

De maneira similar ao arquivo que seleciona um item para exibição, este arquivo receberá o **e-mail** enviado pelo aplicativo e realizará o comando em SQL (DELETE), verificando o resultado da operação e devolvendo-a para o aplicativo. Note que as informações que sempre retornam ao aplicativo estão expressas em conjunto com o comando **echo.**

Aqui terminamos a programação **back-end** de nosso aplicativo, talvez seja a parte mais importante do projeto. No próximo capítulo iremos começar a realizar a programação lógica dos blocos na plataforma Kodular.

Capítulo 3

BLOCOS DA SCREEN1

Por Nelson Fabbri Gerbelli

Na Screen de abertura não teremos comandos para trabalhar com banco de dados. Ela será apenas para exibir as opções de acesso para Incluir ou Listar os registros.

Volte para a primeira tela de leiaute (Screen1) e acesse a área de blocos de programação clicando no botão Blocks.

As primeiras funções que realizaremos é a seleção de um e-mail do usuário e a criação das opções do menu lateral.

Inclua o bloco do evento **when Screen1.Initialize** que realiza a programação imediatamente quando a Screen1 for inicializada.

No seu interior inclua o bloco que exibirá a solicitação de seleção de sua conta do Google: **call Google_Account_Picker.Pick.**

O próximo passo dentro deste evento, será a criação das opções que serão exibidas no menu lateral. Inclua dois blocos **call Side_Menu_Layout1.Add item** e configure cada entrada dos blocos conforme demonstrado a seguir:

Para o primeiro bloco:

Opção	Incluir	O que faz
Title	Ver Cadastro	Opção a ser exibida no menu
Image	listar.png	Ícone ao lado da opção
enabled	True	Habilita a seleção da opção
checked	True	
group	0	

Para o segundo bloco:

Opção	Incluir	O que faz
Title	Sair	Opção a ser exibida no menu
Image	sair.png	Ícone ao lado da opção
enabled	True	Habilita a seleção da opção
checked	True	

group	0	

As imagens estão disponíveis no link http://nelfabbri.com/livro5/arquivos.rar. Após clicar no link, o download acontecerá automaticamente. Utilize um programa para descompactá-lo antes de realizar o upload para a plataforma Kodular.

Veja todos os blocos deste evento na imagem a seguir:

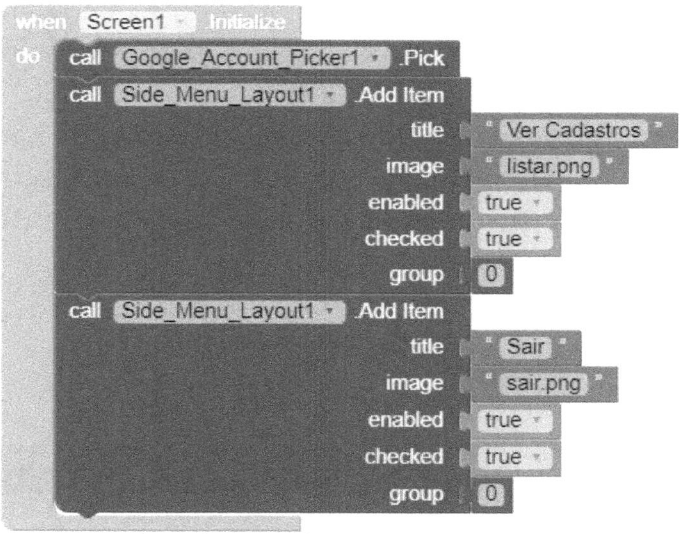

Blocos do evento de inicialização da Screen1

3.1 Exibindo o usuário ativo

Após a seleção do e-mail pelo usuário, ele deverá ser exibido no interior do menu lateral. Para isso, utilize o bloco do evento **Google_Acoount_Picker1.Picker** e no seu interior atribua o e-mail selecionado (disponível na variável **account Name** neste mesmo evento) ao menu através do comando **set Side_Menu_Layout1.Header Title to.** Veja esse procedimento na imagem a seguir:

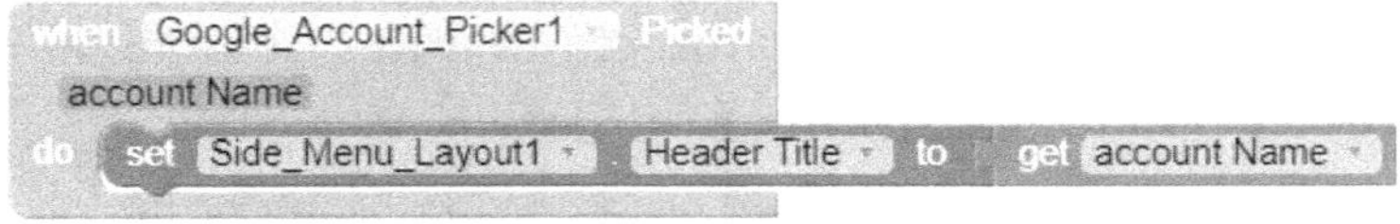

Inserindo o e-mail selecionado

Após a criação do menu e exibição do e-mail, vamos programar as funcionalidades dos botões existentes na tela. Quando o Button1 (Salvar) for clicado, ele deverá abrir a Screen que realiza o cadastro de novos usuários. O comando **open another screen screenName** pode ser encontrado na guia **built-in** seção **control**.

Veja a programação na imagem a seguir.

Abrindo uma nova Screen

O Button2 deverá exibir a Screen **Listagem**, programe-o conforme indicado na imagem a seguir.

Abrindo a Screen de listagem dos dados

O Botão de ação flutuante, também irá exibir a Screen de cadastro. Veja como deverá ser programado na imagem a seguir:

Programação do botão de ação flutuante

3.2 Programando a escolha no menu

A seguir começaremos a programação da escolha do usuário através da utilização do menu lateral.

Selecione o evento **when Side_Menu_Layout1.On Menu Item Click** e inclua-o na área de programação.

Em seu interior inclua o comando de decisão **if then.** Encaixe um bloco de comparação de textos ao bloco **if.** Indique no primeiro espaço da comparação o valor da escolha do usuário. Esta escolha está disponível na opção **title** encontrado dentro do próprio evento que está sendo programado, (basta posicionar o ponteiro do mouse sobre ele e escolher a opção desejada). Na segunda opção inclua um bloco de texto com o texto exatamente igual ao que foi incluído no menu. Em nosso caso digite: **Ver Cadastros**. Para a opção de encerramento do aplicativo, realize o mesmo procedimento destacado acima e atualize o conteúdo do bloco de texto para **Sair.** Veja a programação descrita na imagem a seguir:

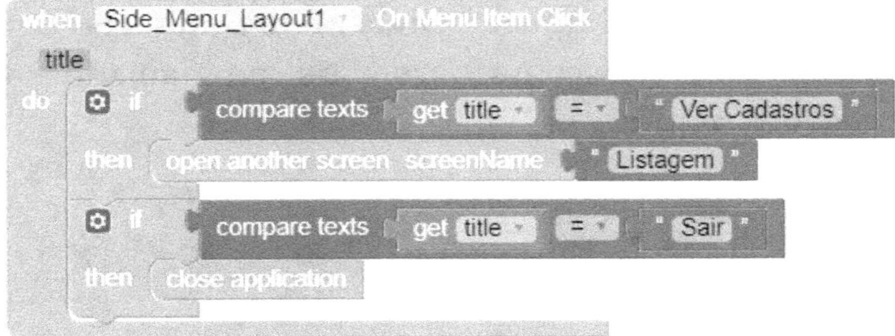

Programando a escolha do Menu lateral

Neste momento já se pode instalar e realizar os testas da tela inicial de seu aplicativo. Caso ocorra algum comportamento indevido ao esperado, revise todos os procedimentos adotados até agora e ao final das atualizações realize novamente a instalação para que as modificações sejam realizadas.

No próximo capítulo iremos aprender a inserir os registros no banco de dados.

Capítulo 4
INCLUINDO REGISTROS

Por Valeria Helena Politi Gerbelli

Acesse a área de blocos da Screen Incluir. Nela veremos os primeiros comandos para acessar o Banco de Dados.

A finalidade dessa Screen será a de realizar um cadastro de usuário no banco de dados. Sendo que após a digitação das informações que são solicitadas na tela e pressionamento do botão Salvar, as informações serão encaminhadas para o banco de dados (que está on-line e já configurado, conforme visto em capítulo anterior).

A primeira programação que realizaremos é a de criar uma variável para armazenar o endereço do site onde está configurado o banco de dados e todos os arquivos em php (programação back-end) que utilizaremos. Inicialize uma variável e nomeie-a como: **base_url**. Acrescente um bloco de texto vazio e em seu interior digite o endereço:

http://www.nelfabbri.com/appinventor/alcina/

Veja o bloco da variável na imagem a seguir.

Variável com o endereço da programação back-end

Após a digitação dos dados pelo usuário, deveremos preparar a programação do evento click do **Btn_Salvar** para que este envie as informações para o site e realizar o cadastro.

4.1 Objeto WEB

O objeto Web é o responsável por realizar a conexão do aplicativo com a programação back-end que está hospedado em site na internet.

Necessitamos indicar para o objeto WEB o endereço do site e o nome do arquivo em PHP que iremos utilizar neste momento.

Inclua um bloco de comando **Set Web1.URL to** e nele adicione um bloco de texto **join** para realizar a junção da variável **base_url** com o nome do arquivo **cadastro.php**.

Obs.: O arquivo cadastro.php já foi demonstrado em capítulo anterior. Como dissemos, você não necessitará criar este arquivo em PHP para o funcionamento deste aplicativo, pois já está configurado e disponível em servidor on-line.

Após as configurações do local e nome, deveremos realizar o envio das informações digitadas para o processamento. O comando responsável pelo envio das informações é o **call Web1.Post Text**. Nele deveremos enviar as variáveis **nome, email** e **senha** juntamente com os valores digitados pelo usuário. Esses valores estão armazenados nos objetos do tipo **textbox**. Para realizar esse passo, inclua um bloco de texto **join** e configure-o para receber exatamente 6 entradas de texto, pois temos 3 nomes de variáveis e 3 valores para envio.

Em cada uma das suas opções de entradas deveremos indicar os valores conforme demonstrado no bloco final do evento **click** do **Btn_Salvar** a seguir:

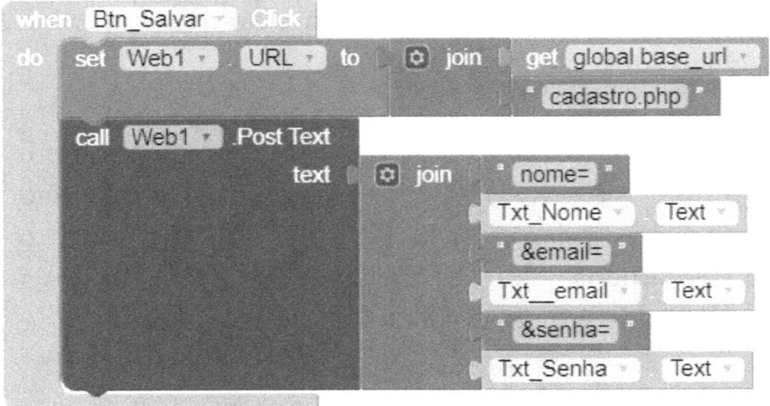

Evento para incluir registros no BD

O resultado do bloco **join** retornará uma única linha de comando e terá a seguinte estrutura:

nome=Txt_nome.Text&email=Txt_Email.Text&senha=Txt_Senha.Text

Note que as variáveis **email** e **senha** são precedidas pelo caracter **&**. O caracter e comando **&** faz a união de todas as variáveis em uma única linha de informações para ser enviar ao arquivo PHP.

Após o processamento dessas informações pelo PHP, será retornado alguma informação para o app (de acordo com o que foi visto no arquivo cadastro.php anteriormente). Esta informação será recebida pelo bloco de comando do evento **Web1.Got Text**.

A informação retornada deverá ser exibida para o usuário. Utilizaremos para isso o objeto **notifier** através de seu método **Choose Show Dialog**, conforme vêmos na imagem a seguir. Observe que no notifier estamos exibindo a variável **Response Content**. Ela exibirá o conteúdo de resposta enviado pelo arquivo em PHP.

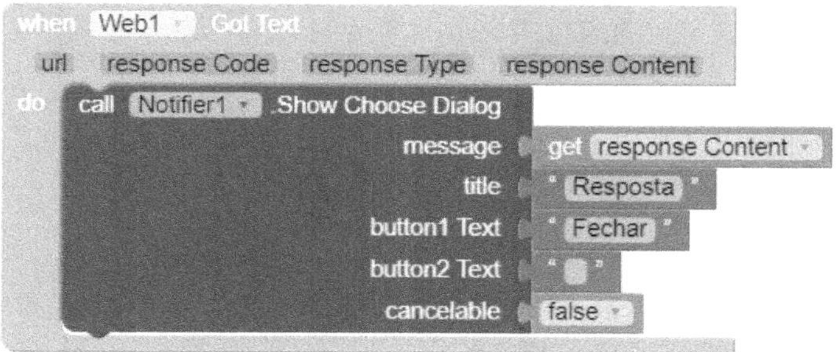

Evento Got Text exibindo o retorno do processamento do PHP

O objeto não visível **notifier,** exibe a mensagem do ocorrido com o seu cadastro (se deu certo ou se ocorreu algum erro). Exibirá também uma opção de fechar a caixa de notificação. Quando o usuário clicar no botão com o texto **fechar**, deveremos encerrar a exibição da Screen atual (**Inserir)**, retornando para a tela inicial. Para que isso ocorra, inclua o evento **after Choosing** do notifier e realize a comparação dos textos da escolha conforme imagem a seguir:

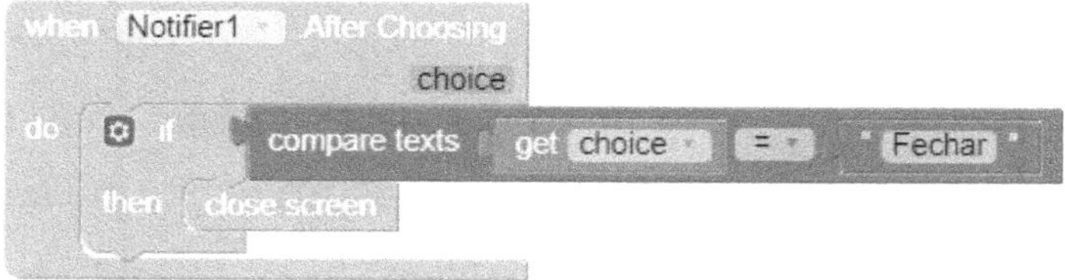

Selecionando a escolha (Choosing) do usuário

Assim terminamos a tela de cadastro de usuários, você poderá instalar ou emular o projeto para testá-lo. No próximo capítulo iremos aprender a exibir em tela os registros cadastrados no banco de dados.

Capítulo 5
CONSULTANDO REGISTROS

Por Valeria Helena Politi Gerbelli

Acesse a área de blocos da Screen Listagem antes de continuarmos.

O primeiro bloco de programação que faremos é declarar uma variável para armazenar o endereço do site onde está configurado o banco de dados. Já realizamos esta programação anteriormente, mas foi em outra Screen. Como precisamos utilizar o mesmo recurso para esta Screen, deveremos cria-la aqui também. O nome da variável utilizada será **base_url,** ela deverá armazenar o mesmo endereço visto anteriormente:
http://www.nelfabbri.com/appinventor/alcina/

Veja o bloco na imagem a seguir.

Definindo a variável com o endereço do Back-end

Crie uma segunda variável e dê o nome **usuarios** para que seja armazenado a lista com todos os e-mails dos usuários cadastrados. Defina o tipo da variável como **create empty list,** ou seja, a variável será uma lista vazia no momento.

Variável tipo lista

Para deixar os códigos de uma maneira mais organizada, iremos criar um procedimento para realizar a busca das informações no banco de dados.

Adicione um bloco da guia **procedure** e nomeie-a para **inicio**.

Veja as etapas da programação desta procedure:

1. Exibir ao usuário a mensagem "**Buscando os dados"** enquanto os dados estão sendo processados no PHP para a exibição.
2. Configuração do objeto **Web1** para localizar o arquivo que realizará a consulta (select) e exibição da listagem dos dados: **listagem.php.**

3. Executar o método para obter os dados: **Web1.Get**
4. Após esta solicitação, temos que realizar alguns ajustes com a visibilidade dos objetos da Screen. Deixaremos a **List_Usuario.visible** marcada como **True**. Com isso o objeto que listará os dados ficará visível para o usuário.
5. Com a intensão de deixar apenas a lista de usuários visível, a vertical **Va_Dados.Visible** deverá ficar marcada como **False**.

Veja na imagem a seguir o bloco da procedure **inicio** finalizado.

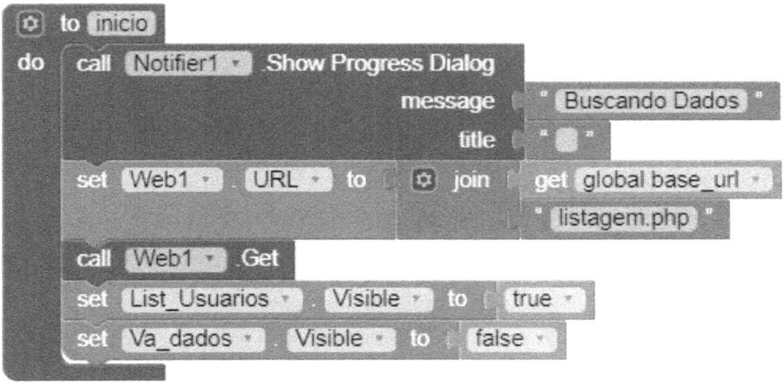

Procedure inicio

A procedure que acabamos de definir, deverá ser executada quando a Screen **Listagem** for iniciada. Para isso, teremos que programar o evento **When Listagem.Initialize** e incluir o bloco do comando que executa essa procedure: **call inicio.** Após ser criada, já estará disponível para utilização na guia **Built-in** seção **Procedures.** Veja a programação na imagem a seguir.

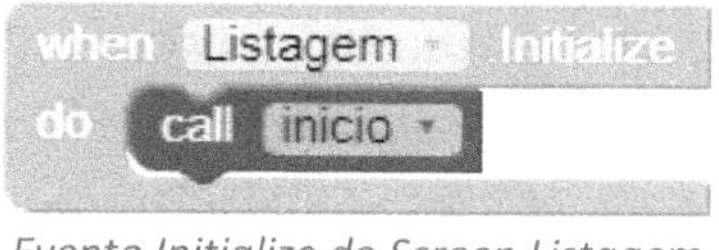

Evento Initialize do Screen Listagem

5.1 Recebendo dados on-line

Após o processamento das informações pelo PHP (que está hospedado no servidor), o objeto Web1 receberá as informações no formado JSON. O evento que receberá essas informações é o **Got Text**.

Veja os passos lógicos e toda programação que será utilizada para o tratamento das informações recebidas e exibição dos dados na Screen de Listagem.

1. A variável **global usuarios** (que foi definida como uma lista vazia), terá a função de armazenar os dados decodificados recebidos e que estão armazenados na variável **response Content**.
2. Inicializar uma variável local para armazenar apenas os e-mails que estão cadastradas no banco de dados. Observe que o tipo da variável que estamos utilizando é **create empty list**.
3. Acrescente um bloco de comando **for each** para que esta estrutura de repetição percorra cada uma das linhas da lista de dados retornada e

armazenada na variável **global usuarios**. Altere o nome da estrutura **for each** para **Linha**.

4. No interior da estrutura **for each** inclua um bloco de comando que realizará a adição de um item em uma lista: **add items to list**. Para a primeira configuração deste bloco inclua a variável local: **get lista_email** para que ela armazene todos os e-mails recebidos. Para localizar o campo e-mail, necessitamos utilizar o bloco de comando **look up in pars** presente na guia **built-in** seção **Lists**. A opção **key** indicará o nome do campo que procuramos. Digite em um bloco de texto: **email**. Na opção **pairs** deverá ser indicado a variável de controle da estrutura for each: **linha**. Na opção **Not found** que exibirá uma mensagem caso o campo **email** não exista, informe em um bloco de texto a mensagem: **não encontrado**.
5. Após terminado a estrutura de repetição do for each, a variável **list_email** possuirá toda a lista dos e-mails cadastrados. Esta variável deverá ser adicionada ao bloco de comando **set List_Usuario.Elements to** para poder ser visualizada pelo usuário.
6. Para finalizar, cancele a exibição da mensagem de carregamento dos dados através do bloco de comando **call Notifier1.Dismiss Progress Dialog**.

Veja toda a programação descrita na imagem a seguir:

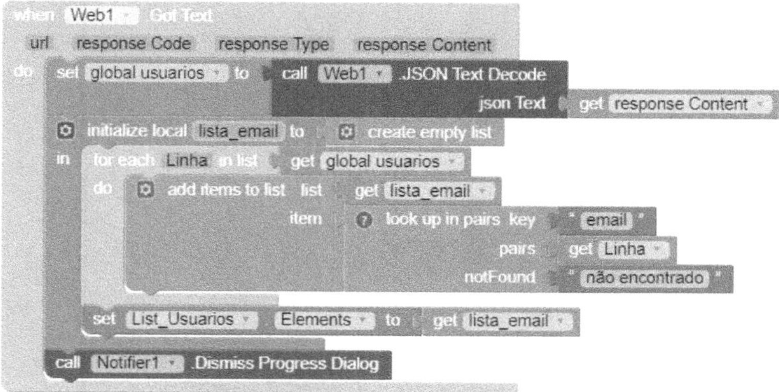

Evento de exibição da lista de e-mails

Neste momento, o(a) leitor(a) poderá instalar ou emular o projeto para realizar o teste de exibição da tela de listagem de usuários.

No próximo capítulo, iremos aprender a exibir os dados complementares de um registro específico, selecionado através de um clique na lista de e-mails.

Capítulo 6
EXIBINDO REGISTRO SELECIONADO

Por Cleiton Fabiano Patrício

Após aprender no capítulo anterior como se realiza a exibição de todos os e-mails dos usuários, iremos demonstrar agora, como poderemos clicar sobre um e-mail exibido na lista de usuários e mostrar as demais informações cadastradas, ou seja, exibiremos o seu nome e a sua senha.

Continuaremos com a programação na mesma Screen **Listagem**. Certifique-se que esteja com ela selecionada nesse momento.

O evento que iremos programar para exibir os dados desejados é o **After Picking** do objeto **List_Usuarios**, ou seja, iremos programar uma ação após a escolha do usuário através de um toque no e-mail exibido na lista de usuários.

O primeiro código que iremos inserir no interior desse evento é o que indica o local onde estão os arquivos do Back-end.

Inclua o bloco de comando **set Web2.URL to**.

Estamos utilizando o objeto Web2, pois o objeto Web1 já está configurado para realizar apenas a listagem geral.

Acrescente um bloco de comando de junção no Web2 e configure-o para possuir 3 entradas de texto.

Na primeira entrada, inclua a variável que armazena o endereço na internet do arquivo PHP: **global base_url**.

Na segunda opção de entrada do **join** indique o nome do arquivo em PHP que realizará a busca pelo e-mail selecionado: **item.php?id=**

Na última entrada de texto, deveremos informar o e-mail que será enviado para o arquivo em PHP para que este possa realizar a consulta pelo e-mail desejado. O E-mail selecionado pelo usuário está presente na propriedade **Selection** do objeto **List_Usuarios**.

Observe que no nome do arquivo **item.php** existe um complemento de informação: **?id=** Essa informação indica ao PHP que enviaremos a variável **id** com um valor. Este valor será a próxima informação indicada no **join,** ou seja, é o e-mail que está indicado no objeto **List_Usuarios.Selection**.

Após essas configurações, teremos que solicitar que este comando seja executado. Utilize para isso o bloco do método **Call Web2.Get**.

Veja na imagem a seguir o bloco com a programação realizada.

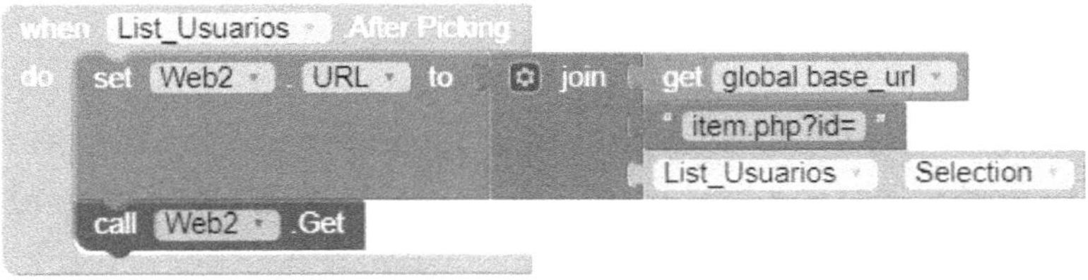

Consultando um e-mail específico

Após o envio da solicitação dos dados pelo método **Call Web2.Get**, eles serão processados pelo arquivo em PHP que devolverá as informações que deverão ser tratados através de evento **When Web2.got text**.

Vamos realizar alguns ajustes com a visibilidade dos objetos da Screen.

Deixaremos a **List_Usuario.visible** marcada como **False**. Com isso o objeto da lista ficará invisível.

Para exibir os dados do usuário selecionado, iremos deixar a **vertical Va_Dados.Visible** marcada como **True**.

Iniciaremos uma variável local para armazenar apenas os dados decodificados do e-mail selecionado que estão disponíveis na variável **response Content**. Nomeie-a como **dados**.

Para exibir o nome do usuário selecionado, inclua o bloco **set Lbl_Nome.text to**. Acrescente um bloco de texto **join** e um bloco de texto com a palavra: **Nome:**

Na segunda opção necessitaremos incluir o comando já apresentado anteriormente **look up in pairs**. Nele defina o nome do campo a ser localizado: **nome.** Em **pairs** indique o nome da variável local **dados**.

Repita o procedimento descrito para a exibição do nome para que seja exibido os campos **email** e **senha**. Veja toda programação do evento **Web2 Got Text**.

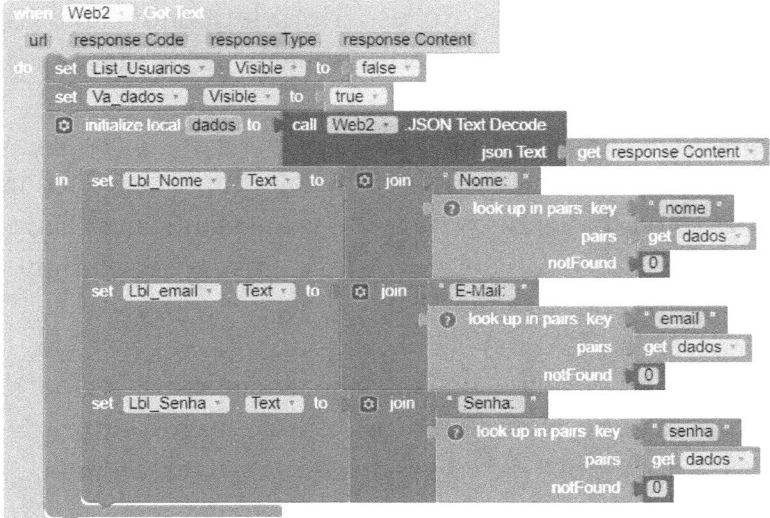

Evento Got Text do Web2

6.1 Reexibindo a listagem de usuários

Para voltar a exibir novamente toda a listagem dos e-mails, teremos que programar o evento clique do objeto **Btn_Listagem**. Para isso deixe a **List_Usuario.visible** marcada como **True** e a **vertical Va_Dados.Visible** definida como: **False**.

Veja na imagem a seguir o bloco do evento click do **Btn_Listagem**.

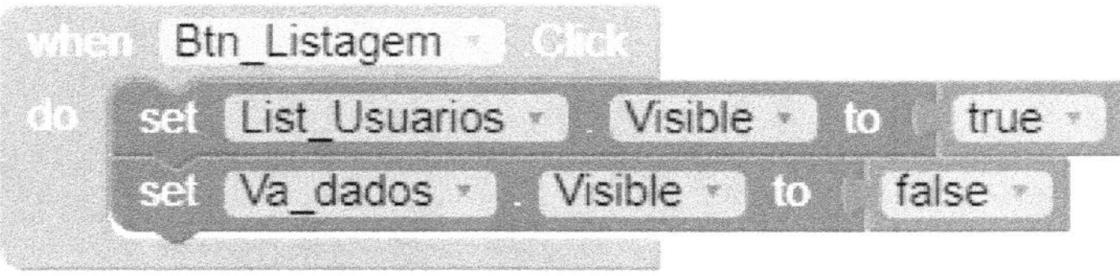

Btn_Listagem

Neste momento o(a) leitor(a) poderá realizar a instalação ou a emulação do app em seu dispositivo. Caso ocorra alguma inconformidade com o esperado, reveja atentamente toda a programação deste capítulo.

Capítulo 7
EXCLUÍNDO REGISTRO

Por Valeria Helena Politi Gerbelli

Neste capítulo continuaremos com a programação que está sendo desenvolvida na Screen Listagem.

Para realizar a exclusão de um registro cadastrado, utilizaremos um longo click sobre o e-mail desejado que está sendo exibido na lista de usuários.

Existe um evento exclusivo para tratar esse evento: **When List_Usuarios.Long Click**. Nele deveremos programar um **notifier** que irá realizar a solicitação de confirmação ao usuário se este quer ou não excluir tal registro. Veja na imagem a seguir este evento programado.

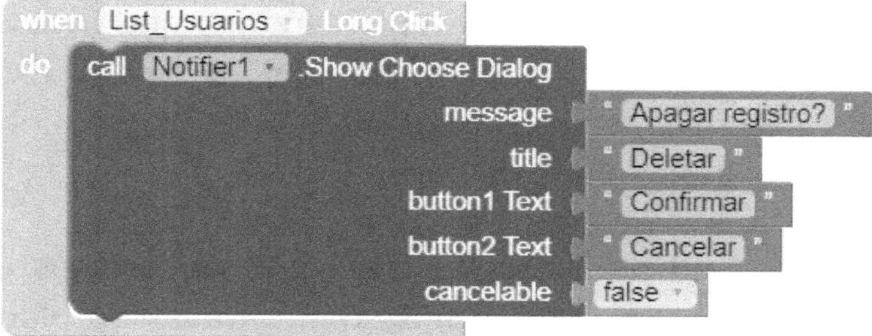

Solicitando a confirmação para exclusão de registro

Atenção: Caso não tenha encontrado o evento **When List_Usuarios.Long Click**, certifique-se que habilitou a opção nas propriedades avançadas na área de designer, conforme demonstrado em capítulo da criação do leiaute.

7.1 Identificando a escolha do usuários

O evento **When Notifier1.After Choosing**, será o responsável por identificar a escolha do usuário. Insira-o na área de programação.

Em seu interior inclua um controle de decisão **if then** para realizar a verificação da resposta do usuário (que está disponível na variável **choice**) com o texto do botão **Confirmar**.

Caso a confirmação seja verdadeira, indicaremos o endereço para o objeto **Web3** localizar o arquivo **deletar.php.** Observe que neste bloco também estamos utilizando a opção para enviar uma informação ao arquivo em PHP: **?id=**

Finalizando o bloco do evento teremos que indicar qual é o e-mail que deverá ser excluído. Esta informação está disponível no bloco **List_Usuarios.Selection**.

Após a indicação do endereço, solicitaremos a execução do comando, que se dará através do bloco **call Web3.get**. Veja na imagem a seguir esse evento programado:

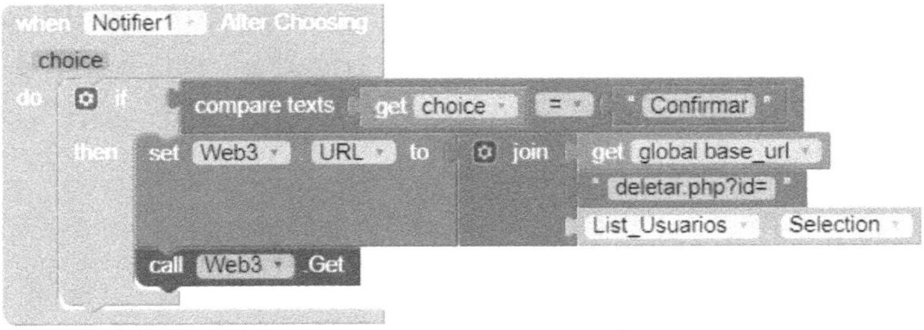

Verificando a escolha do usuário

Observe que se a opção **Cancelar** for selecionada, nada irá acontecer, pois se ela for selecionada não haverá nenhuma programação específica.

O evento **When Got3.Got Text** exibirá uma informação através do objeto **Notifier**. Essa informação será retornada pelo processamento do arquivo em PHP

Após a exibição desta notificação, deverá ser executada a procedure **inicio** para que a **List_Usuarios** atualize a listagem dos e-mails para a exibição. Veja na imagem a seguir a programação descrita:

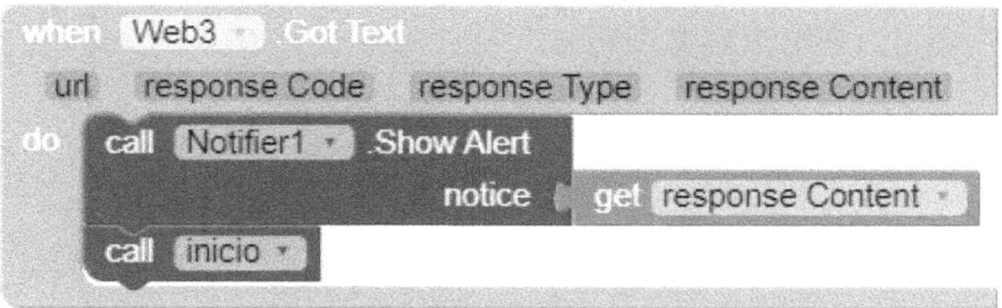

Evento Got Text

Neste momento finalizamos toda programação da Screen Listagem. Aprendemos os recursos de listagem geral, seleção específica e exclusão do registro. Instale-o em seu disposito para a realização dos testes. Caso ocorra alguma inconformidade verifique os procedimentos adotados durante este capítulo.

Capítulo 8
ALTERANDO REGISTRO

Por Nelson Fabbri Gerbelli

Para realizar a alteração de um registro cadastrado, iremos utilizar uma Screen que ainda não desenvolvemos. Deixamos esta rotina para a parte final pois neste momento o(a) leitor(a) já deverá ter uma certa autonomia no desenvolvimento e para demonstrar o recurso de duplicação de Screen. Acesse a Screen Incluir e clique no botão **Copy** Screen. Dê o nome: **Alterar**.

Com este recurso, realizamos uma cópia exata de todo o leiaute e dos blocos que já estão programados na Screen Inserir. Duplicamos esta tela pois há uma grande semelhança entre suas funções e desta maneira economizamos um grande tempo em nosso desenvolvimento.

Veja a imagem a seguir. Este deverá ser o leiaute final, após o leitor realizar os ajustes necessários:

Leiaute da Screen Alterar

Nesta Screen utilizaremos dois objetos Web, um para realizar a consulta dos dados e outro para realizar a atualização no banco de dados. Como já temos um na Screen que foi copiada, adicione mais um objeto Web. Aproveite e renomei-os para: **Web_Alterar** e **Web_Consultar**, conforme demonstrado na imagem a seguir:

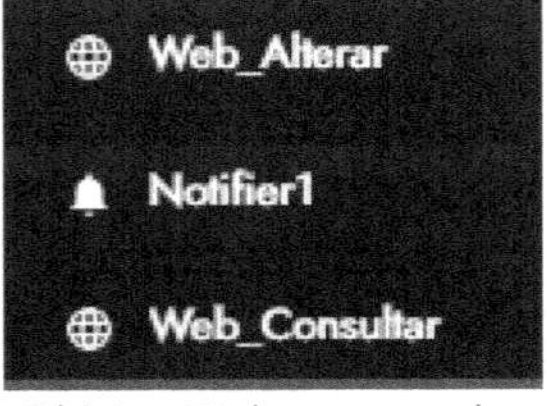

Objetos Web renomeados

Após o desenvolvimento do leiaute, acesse a área de blocos para começarmos a programar.

8.1 Adicionando botão na barra de título

Quando a Screen **Alterar** for inicializada (exibida), incluiremos um botão na barra de títulos que servirá para fechá-la. Veja como proceder.

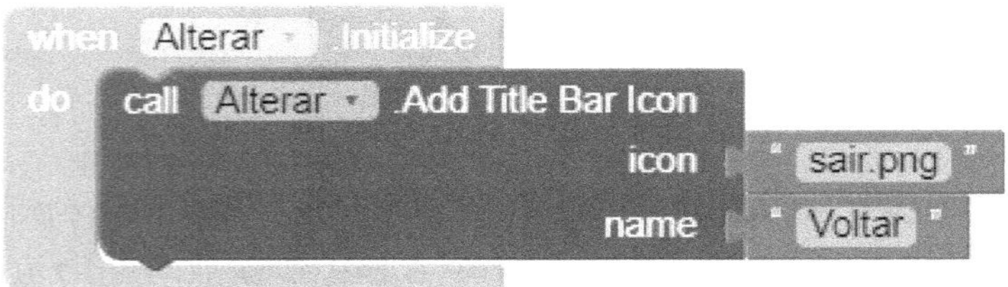

Criando botão na barra de título

Esse botão apenas será exibido quando o app for instalado ou emulado, porém temos que programar o evento que verifica se o usuário clicou nele e caso afirmativo, iremos fechar a Screen. Veja na imagem a seguir a programação deste evento:

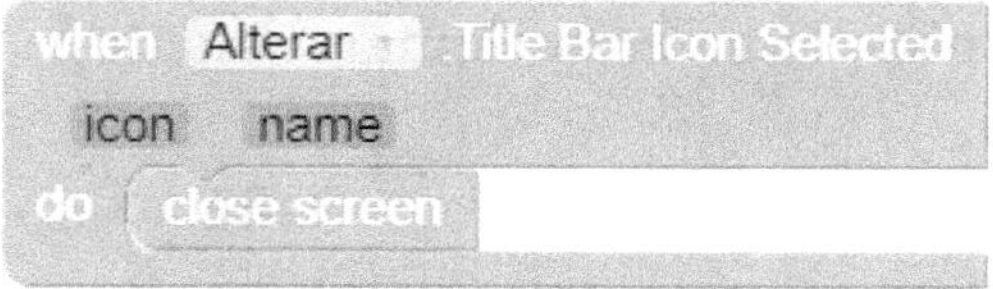

Fechando a Screen após o clique

Como duplicamos a Screen toda a programação também foi duplicada. Não utilizaremos todos os blocos disponíveis e alguns deverão ser deletados.
A variável com o endereço do back-end deverá permanecer.

initialize global base_url to " http://www.nelfabbri.com/appinventor/alcina/ "

Endereço do site com o back-end

A lógica de utilização desta rotina de alteração será: O usuário deverá digitar primeiramente um nome na Text_Nome. Após a digitação, o usuário deverá clicar no botão **Consultar** e então o app irá verificar se este nome existe no banco de dados. Se ele existir será exibido nas demais **textbox** presentes na **Screen**.

Veja a programação do evento **Btn_Consultar.Click** na imagem a seguir:

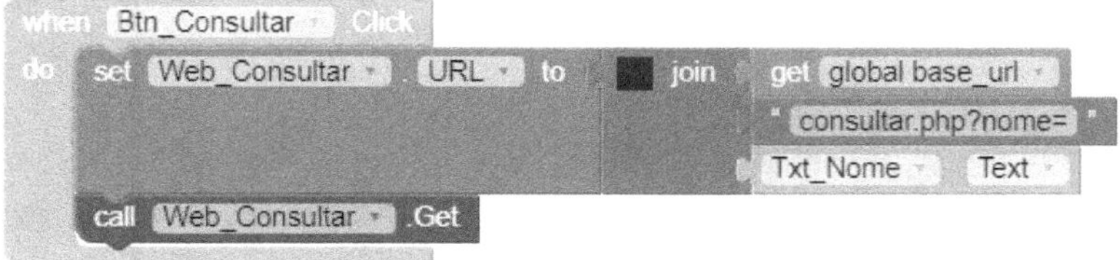

Evento click do Btn_Consultar

Observe no bloco visto anteriormente que estamos configurando o endereço do back-end conforme visto anteriormente, porém indicamos o arquivo

consultar.php (que veremos mais adiante).

Utilizaremos o método **GET** do objeto **Web_Consultar** para o envio da solicitação de exclusão do e-mail.

Veja a seguir o arquivo em PHP que receberá o nome do usuário e realizará a consulta. Caso o usuário exista, todas as suas informações serão retornadas para o aplicativo, mas caso ele não seja encontrado devolveremos o valor **0**. E através deste zero (0) informaremos ao usuário que o nome não foi encontrado:

```
<?php
require_once('conecta.php');

  $id = $_GET['nome'];
  $sql="select * from usuarios where  nome = '$id'";

  $resultado = mysql_query($sql) or die ("Erro: " . mysql_error());
  $dados = [];
  // Obtem o resultado de uma linha como um objeto
  while($linha = mysql_fetch_object($resultado))
     {
      $dados[]=$linha;
      }

    if (count($dados) >= 1)
     {
        echo json_encode($dados[0]);
     }
    else
     {
        echo "0";
     }
?>
```

Arquivo consultar.php

Como já vimos a consulta e exibição dos dados em capítulo anterior apenas exibiremos o bloco do evento **Web_Consultar.Got Text** para a sua programação:

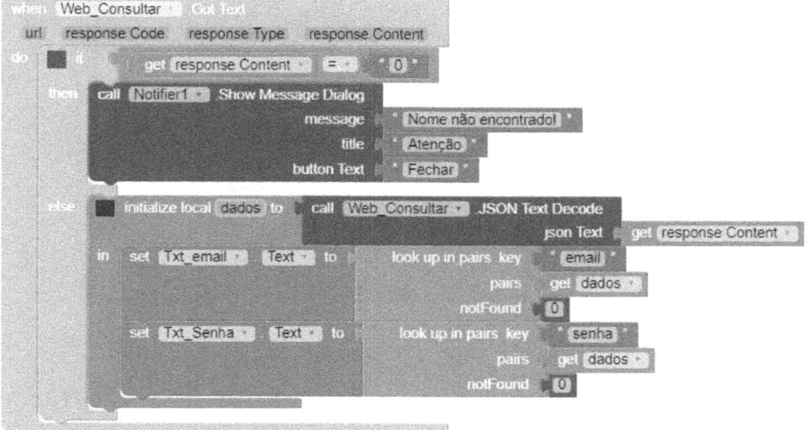

Exibindo os dados

Todas as vezes que o usuário clicar no botão **Fechar** do Notifier, vamos encerrar a visualização da Screen. Veja a programação referente a este processo :

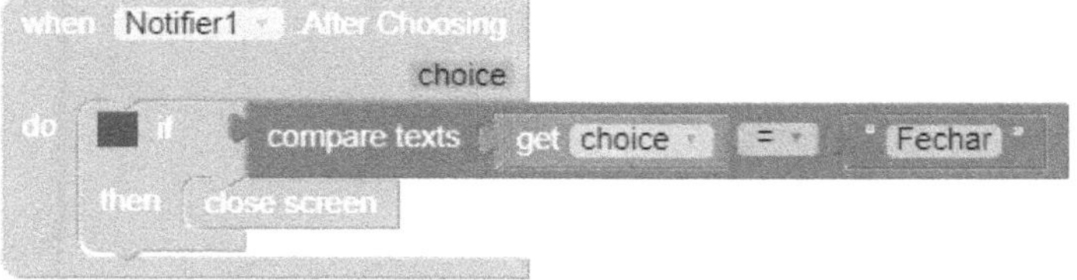

Programando a escolha do usuário no Notifier

8.2 Programando o Botão de alteração

A lógica do botão para alteração dos dados é praticamente idêntica àquela vista no botão para incluir (cadastrar) um usuário. A única mudança que teremos é no nome do arquivo (alterar.php) que irá processar as informações enviadas pelo app. Veja:

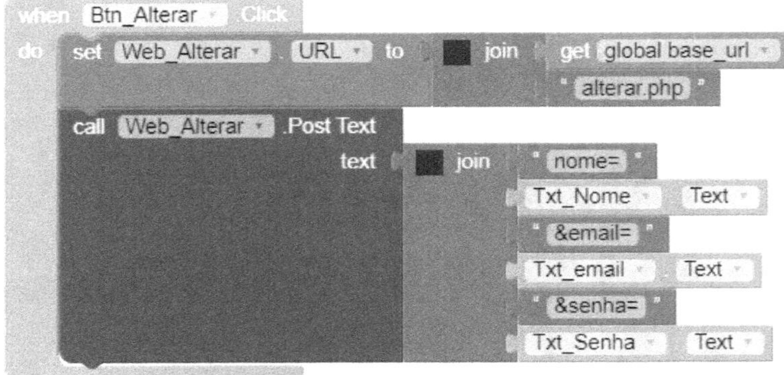

Rotina de alteração (update) dos dados

O Arquivo **alterar.php**, está exibido na figura a seguir. Verifique o comando em SQL pois é ele quem irá realizar a atualização dos dados selecionado:

```
1   <?php
2     $nome =$_POST['nome'];
3     $email =$_POST['email'];
4     $senha =$_POST['senha'];
5
6     require_once('conecta.php');
7
8    $sql = "update  usuarios set   email='$email', senha='$senha' where nome='$nome'";
9    $resultado = mysql_query($sql) or die ("Erro: " . mysql_error());
10
11  if ($resultado)
12  {
13      echo "Alterado com sucesso!";
14  }
15  else
16  {
17      echo "Erro ao alterar!";
18  }
19  ?>
```

Arquivo Alterar.php

Após o processamento dos dados, uma das opções presentes nas linhas 13 ou 17 será retornada para o app. É exatamente essa mensagem que o evento **Web_Alterar.Got Text** irá apresentar ao usuário do app como informação ao usuário. Veja na imagem a seguir o objeto **notifier1** exibindo a informação dentro do evento de recebimento de dados:

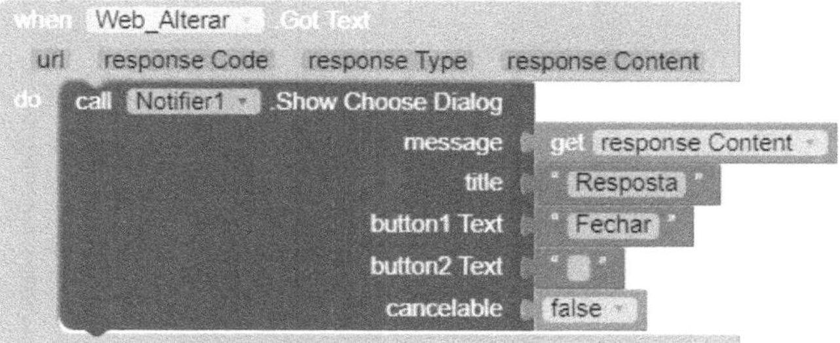

Exibindo o resultado da alteração

Aqui terminamos o app com todas as funções para movimentação (CRUD) em um banco de dados em MySQL utilizando a plataforma de desenvolvimento Android com o Kodular.

Não se esqueça de inserir no menu lateral da tela inicial uma opção para ativar a Screen **alterar**.

Instale ou emule seu aplicativo para a realização de todos os testes.

Capítulo 9

CONTINUE APRENDENDO

Esperamos que o(a) leitor(a) tenha aprendido e gostado dos recursos apresentados neste livro. Mas o Kodular não se resume apenas a esses recursos apresentados. Deixamos a seguir quatro indicações de nossos livros para que possam lhe ajudar no seu desenvolvimento profissional dentro deste universo da programação Android no padrão clique e arraste.

9.1 App Inventor. Seus primeiros aplicativos Android

Neste livro apresentamos uma grande oportunidade de conhecimento de vários objetos em alguns projetos desenvolvidos. Vale lembrar que tudo o que você aprender na plataforma do App Inventor poderá utilizar na plataforma do Kodular, ou seja, muito se engana quem pensa que o **App Inventor** é uma ferramenta ultrapassada.

Partindo de um ponto zero de conhecimento, você poderá desenvolver seus aplicativos iniciais e terá a oportunidade de aprender a trabalhar com banco de dados em MySQL. Nele irá desenvolver um projeto para cadastrar suas informações e recuperá-las posteriormente.

Demonstramos também como realizar o lançamento de seu app na loja de aplicativos da Google.

App Inventor Seus primeiros aplicativos Android

Este livro está à venda em diversos formatos pela editora Casa do Código, através do link ou Qr Code:

https://www.casadocodigo.com.br/products/livro-app-inventor

9.2 Kodular Desenvolvimento Android sem código

Através deste livro você terá a oportunidade de desenvolver um aplicativo colaborativo e poderá realizar a avaliação das informações disponíveis. Um passo a passo é demonstrado desde a definição do projeto, criação do banco de dados, definição dos leiautes das telas e programação dos blocos. Um projeto que poderá ser adaptado aos seus interesses com a possibilidade de comercializá-lo com seus clientes.

Kodular Desenvolvimento Android sem código

Este livro está à venda em vários formatos pela editora Casa do Código através do link ou Qr Code a seguir:

https://www.casadocodigo.com.br/products/livro-kodular

9.3 Kodular - Facilitando o desenvolvimento de aplicativos Android: A evolução do App Inventor

Aprenda vários recursos importantes para melhorar o seu desenvolvimento de aplicativos. Em cada capítulo um novo projeto será apresentado com recursos especiais e ao final da leitura e produção dos exercícios, o(a) leitor(a) terá um grande leque de opções para implementar seus aplicativos de forma simples e fácil sem escrever os códigos complexos da linguagem Android. Nesta obra serão criados aplicativos com utilização de recursos para utilização de Mapas, Menu lateral, Botões Flutuantes, View_Flipper, Notifier, utilização de arquivos Lotties e aplicativo para consumir dados recebidos de uma API. Indicado também para os programadores em App Inventor e Thunkable, devido a sua grande facilidade de utilização e similaridade.

Android com PHP – Uma abordagem prática

Kodular Facilitando o desenvolvimento de aplicativos Android

Este livro está à venda pelo site da Amazon. Faça a leitura do QR Code a seguir para maiores informações.

9.4 Android com Kodular – Utilizando Firebase. Desenvolva um projeto prático No Code – No SQL.

Android com PHP – Uma abordagem prática

Através deste livro o(a) leitor(a) terá a oportunidade de desenvolver um app com acesso a banco de dados na plataforma Firebase (on-line).

Um passo a passo é demonstrado desde a definição do projeto, criação do banco de dados, definição dos leiautes das telas e programação dos blocos. Um projeto que lhe dará todos os caminhos para que após a leitura possa desenvolver os seus próprios apps.

Com a Kodular não será necessário instalar nenhuma IDE ou mesmo programas para seu desenvolvimento, pois tudo é realizado diretamente através da plataforma on-line (gratuita).

Android com Kodular – Utilizando Firebase. Desenvolva um projeto prático No Code – No SQL

Este livro está à venda pelo site da Amazon. Faça a

leitura do QR Code a seguir para maiores informações.

www.ingramcontent.com/pod-product-compliance
Lightning Source LLC
LaVergne TN
LVHW050337160826
845677LV00014B/3656

* 9 7 8 6 5 0 0 3 8 6 5 9 2 *